DOUGLAS PALMEIRA

NOS BRAÇOS DO PAI

Reflexões sobre o Pai-Nosso
à luz da parábola do Filho Pródigo

EDITORA
SANTUÁRIO

Dados Internacionais de Catalogação na Publicação (CIP) de acordo com ISBD

P172n Palmeira, Douglas

Nos braços do Pai: reflexões sobre o Pai-Nosso, à luz da parábola do Filho Pródigo / Douglas Palmeira. - Aparecida, SP : Editora Santuário, 2023.
72 p. ; 14cm x 21cm.

Inclui índice.
ISBN: 978-65-5527-347-2

1. Cristianismo. 2. Oração. I. Título.

2023 -1766 CDD 242.3
CDU 243

Elaborado por Odilio Hilario Moreira Junior - CRB-8/9949

Índice para catálogo sistemático:
1. Cristianismo : Oração 242.3
2. Cristianismo : Oração 243

1ª impressão

Rua Pe. Claro Monteiro, 342 – 12570-045 – Aparecida-SP
Tel.: 12 3104-2000 – Televendas: 0800 - 0 16 00 04
www.editorasantuario.com.br
vendas@editorasantuario.com.br

A minha esposa, Paula,
que carinhosamente
escolheu o título para este livro.

Aos queridos catequistas e catequizandos
da Paróquia São Francisco de Assis,
em Monte Mor.

Sumário

Prefácio

Pelo Diácono e Amigo
Bruno Henrique Leite da Silva

É com imensa alegria e com o coração repleto de gratidão que aceitei o convite para escrever o prefácio do livro deste meu grande amigo de tantos anos. A vida é festa de surpresas, cada um toma seu caminho e em tudo enxergamos o cuidado de Deus. Douglas formou família – uma linda família – e agora se arrisca como escritor. E eu me abandono à entrega total a Cristo, rumo ao Sacramento da Ordem, para escrever no mundo a graça santificante do Senhor na vida sacramental e pastoral.

O contexto social, no qual estamos inseridos, diz respeito a um jeito de viver egoico. As pessoas têm buscado, cada vez mais, viver de maneira superficial, almejando, muitas vezes, coisas que não são necessárias e que as fazem distanciar de Deus. Tantas vezes nos deparamos com situações nas quais se busca estabelecer uma relação com o divino por meio de trocas, e, assim, cria-se o Deus que se quer: terrível, irado, distante etc., e não se busca pelo Deus compassivo e misericordioso, cheio de amor e ternura para com seus filhos. Isso mostra o quanto tem crescido em nosso meio, e principalmente dentro de nossas comunidades eclesiais, uma fé intimista.

O autor desta obra, meu amigo e irmão, foi muito feliz ao estabelecer uma comparação entre a Oração do Pai-Nosso e a parábola do filho pródigo, que indicam a vivência e experiência da fé em comunidade, tendo em vista o reconhecimento de Deus como Pai, o que nos coloca em uma dimensão vertical e horizontal da vivência de nossa fé, ou seja, na dinâmica da relação com Deus e com os irmãos.

É preciso rezar não somente com os lábios, mas também com o coração, com a vida. O papa Francisco, tendo realizado muitas catequeses sobre a oração do Pai-Nosso e publicado um livro com o mesmo título, ensina-nos que é necessário ter coragem para rezar e, assim, reconhecer que Deus é Pai, dá-nos o pão, perdoa-nos, caminha conosco e nos reveste com as roupas mais finas e mais belas, concedendo a cada um aquilo que pede. Da mesma forma, o querido autor, a partir de sua experiência e vivência de fé, ilumina-nos espiritualmente com esta bela reflexão catequética da oração do Senhor e da parábola do filho pródigo. É preciso orar, falar com Deus, estar em sintonia com Ele, e assim, mais do que em teorias teológicas, mergulhamos no convite à oração que nos é feito.

Ao ler e ter contato com esta obra, penso ser necessário estarmos com o coração aberto, para refletirmos sobre nossa vida, nossa maneira de pensar e agir com Deus e com os irmãos, à luz do conteúdo apresentado. Em um mundo tão egoico e dividido, estar com o coração aberto é desejar acolher a vontade de Deus.

Este livro é um verdadeiro caminho de volta para Deus, como o próprio autor afirmará. É um convite a sermos melhores, cada dia, e a rezarmos com a vida, com um apelo à conversão. Olhemos nossa vida: muitas vezes somos o filho mais novo, que deseja viver a tal liberdade, oferecida pelo mundo, e que se afasta de Deus; mas também agimos como o filho mais velho e vivemos a murmurar ou estabelecer comparações com os outros. Em ambos os casos, esquecemos o Pai, que sempre está de braços abertos para acolher e nos ensinar a sermos misericordiosos e compassivos, a seu exemplo.

Aproveite esta publicação para fortalecer sua espiritualidade. Permita-se um mergulho em Deus! Boa leitura!

Introdução

Jesus estava rezando em um certo lugar. Quando terminou, um de seus discípulos pediu-lhe: "Senhor, ensina-nos a rezar, como também João ensinou a seus discípulos". Jesus respondeu: "Quando rezardes, dizei: 'Pai nosso, que estais nos céus..."

(Lc 11,1ss)

Quando olhamos para Cristo como modelo a todo ser humano, percebemos com muita alegria a beleza de sua relação com o Pai. Jesus rezava e passava horas em oração. Em meio à agitada ação missionária de sua instauração do Reino no meio de nós, cercado sempre de muita gente, de diversas histórias de vida, de anseios desesperados e profundas profissões de fé, distanciava-se e buscava a intimidade com o Pai, por horas, noites em oração, em um ato trinitário, em que o Pai e Filho dialogavam na comunhão do Espírito.

Jesus subia ao monte, retirava-se de barco, ia para o deserto, afastava-se da fama e buscava o silêncio da voz de Deus. Sim, é no silêncio que o ouvimos, porque, na solidão e na paz, deixamos de ter evidência, as distrações não brilham mais que o Sagrado e, retirando nossas sandálias, sejam elas quais forem ou o que signifiquem, aproximamo-nos daquele que tudo conduz.

O Evangelho de Lucas, no qual lemos a Parábola do Filho Pródigo, enfatiza com singularidade o Coração orante de Cristo. Foi enquanto Jesus rezava que o Espírito pairou, e o Pai o testemunhou no Batismo (Lc 3,21-22). Após longas horas de oração, Jesus escolheu aqueles que continuariam sua missão (Lc 6,12-16). Também foi enquanto rezava que se transfigurou (Lc 9,28-36). E, como sinal de obediência, também foi na oração que Cristo se preparou para a entrega da própria vida (Lc 22,39-46), não guardando nada para si – "não seja feita a minha vontade, mas a tua" – e recitando os Salmos no alto da Cruz – "Pai, em tuas mãos entrego o meu espírito" (Sl 31,6)[1].

É por isso que os discípulos não se contêm, e de seu coração brota o desejo de ser como o Mestre. "Senhor, ensina-nos a rezar", precisa ser o pedido de todo aquele que se dispõe a seguir a Cristo, que o tem como referencial e que, portanto, deseja repetir em sua vida os passos e a espiritualidade daquele que o chamou.

> E Jesus não se recusou, não era ciumento da sua intimidade com o Pai, pois veio precisamente para nos introduzir nesta relação com o Pai. E, assim, torna-se mestre de oração dos seus discípulos, como certamente quer sê-lo para todos nós[2].

Sempre quis escrever, colocar no papel as muitas catequeses que preparamos ao longo dos anos sobre a oração do Pai-Nosso. E, como o Espírito sopra onde quer (Jo 3,8), tive a graça de ser convidado mais uma vez para conduzir um retiro sobre esse tema com os adultos da Catequese da querida Paróquia São Francisco de Assis, em Monte Mor (SP). Na preparação da pregação, ouvindo a brilhante canção "Alô, meu Deus", do Padre Zezinho, SCJ, veio-me a inspiração de preparar uma catequese que estabelecesse um paralelo reflexivo entre as petições do Pai-Nosso e a experiência da personagem da Parábola do Filho Pródigo

---

[1] Em Mateus e Marcos, essas palavras dão lugar à recitação do Sl 22,2: "Meu Deus, meu Deus, por que me abandonaste?"

[2] Papa Francisco. Audiência geral de 5/12/2018.

com seu pai. Assim, rascunhando e redigindo, nasceu este pequeno, mas empenhado, livro.

Sem a pretensão de apresentar uma aula de teologia ou uma exegese da parábola, espero apenas poder ajudar a rezar, a fazer uma verdadeira catequese, que nos aproxime do mistério do Cristo, Encarnado, Morto e Ressuscitado, e nos ajude a dizer sempre e cada vez mais, com espiritualidade e compromisso: Pai nosso!

O Pai-nosso é a oração universal, porque não foi confiada apenas ao grupo mais próximo dos que continuariam a missão de Cristo, mas porque se tornou o testamento espiritual de toda a Igreja, de modo que representa e sintetiza nossa relação com o Pai e com os irmãos. Por isso mesmo a ele chamamos também de oração fundamental, que está presente na liturgia e na identidade orante da Igreja.

É também a oração dominical, por ser do Senhor, a única dentre as tradicionais que foi ensinada e proclamada pelo próprio Cristo. Sendo o Domingo o dia do Senhor, temos por excelência o Pai-nosso como a oração dominical.

Ela também é o resumo de todo o Evangelho, como afirmou Tertuliano[3] e complementou Santo Agostinho, de certo modo, ao propor: "Percorrei todas as orações que existem na Sagrada Escritura; não creio que possais encontrar uma só que não esteja incluída e compendiada nesta oração dominical"[4], ou seja, "a mais perfeita das orações"[5].

> É uma oração amigável e familiar o rogar a Deus com sua própria oração. O Pai conhece as palavras de seu Filho quando rogamos a Ele, e, como o temos como advogado diante do Pai quando pecamos (1Jo 1), quando nós, pecadores, rogamos por nossos delitos,

---

[3] Tertuliano, *De Oratione*, 1, 6.
[4] Santo Agostinho, Epistula 130, 12, 22.
[5] Cf. São Tomás de Aquino, *Summa theologiae*, 2-2.

devemos tomar as palavras de nosso advogado[6].

E, tornando a catequese um momento propício para reflexão, pode-se meditar essa oração à luz de toda a experiência de retorno vivida pelo filho pródigo e compará-la com nossa experiência de fé e vida. Partindo das sentenças do Pai-nosso e unindo-as aos versículos da parábola, proponho, junto à catequese, esta meditação.

Para tornar o texto como um todo uma verdadeira Catequese (de modo que o livro possa servir de subsídio também na preparação de encontros, aulas, pregações e retiros), tive o cuidado de recheá-lo com inúmeras passagens e citações bíblicas, parágrafos do Catecismo da Igreja católica, além de várias frases, vários pensamentos e ensinamentos de santos da Igreja e de outros homens e outras mulheres de boa vontade. Dou-lhes um destaque especial para as catequeses do papa Francisco sobre a oração e as petições do Pai-nosso, que revelam seu olhar paterno e seu coração de pastor universal da Igreja de Cristo.

Ouso ainda uma proposta! Convido os leitores a viverem, passando pelas páginas deste livro, e fazerem também (como eu fiz ao escrevê-lo) a experiência de voltar para Deus, de encontrar seus braços abertos à espera e o afago de um Pai, que é nosso.

Espero que a leitura dessa partilha possa ser um impulso no contínuo processo de conversão, de regresso, ao ponto de poder, ao findar a leitura, repetir a súplica: "Ensina-nos, Senhor Jesus, a orar! Infunde em nós teu Espírito, para vi-

---

[6] São Cipriano. De oratione Domini.

vermos em comunhão e intimidade com o Pai. Revela-nos este abraço que resgata e nos devolve a casa!"

Vamos juntos iniciar esta jornada e, como filho que regressa para seu lugar, façamos também nós a experiência de voltar para Deus e estar para sempre nos braços do Pai.

Boa leitura! Fecunda oração!

1

PAI NOSSO, QUE ESTAIS NOS CÉUS

Jesus continuou [contando mais uma parábola, iniciando]: Um homem tinha dois filhos.

(Lc 15,11)

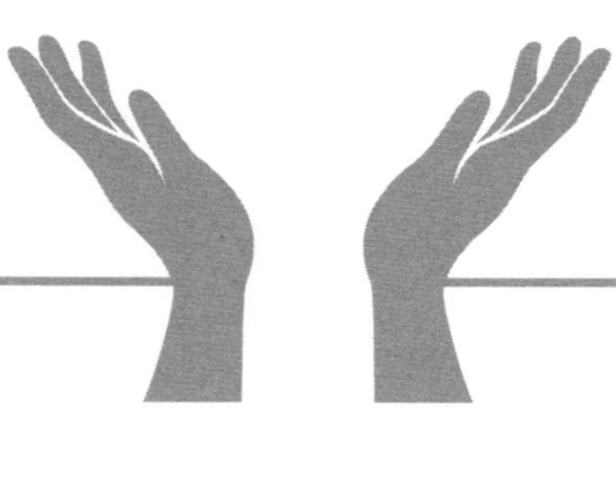

Pai. A primeira palavra que pronunciamos nessa oração talvez seja o maior de todos os mistérios da fórmula. Deus é Pai. Essa é a chave de entendimento, que abre todo o restante de sua compreensão; todos os pedidos que nela se contêm nos direcionam a esta realidade: Ele é nosso Pai.

Não se multiplicam adjetivos, não se estendem pensamentos elaborados. Apenas dizemos com a confiança de filhos que temos um Pai. É, portanto, na intimidade que a oração começa, como se essa palavra sinalizasse nossos braços abertos a pedir colo. Pai!

> Não há prefácios no "Pai-Nosso". Jesus não ensina fórmulas para "adular" o Senhor, aliás, convida a pedir-lhe abatendo as barreiras da reverência e do medo [...] mas simplesmente "Pai", com toda a simplicidade, como as crianças se dirigem ao pai[7].

O rapaz da parábola também possuía um pai, tinha tudo, não lhe faltava nada. Ainda assim, buscou o que não tinha na casa de seu pai. Nem sempre o que buscamos é o que necessariamente falta; às vezes corremos atrás de desnecessários que não nos completam e nos afastamos do que realmente importa.

Aquele filho tinha um pai, tinha um lar; fugir, para esbanjar, não lhe traria a completude que só a experiência do amor e do cuidado é capaz de proporcionar. Ele tinha um lugar, tinha amor, coisas que o dinheiro não compra, ou – como o próprio Cristo alerta versículos seguintes ao ensinamento da oração do Pai-nosso, no Evangelho de São Mateus – que a traça e a ferrugem possam corroer. Aquele filho, então, ainda não havia entendido que "onde está o seu tesouro, aí estará também seu coração" (cf. Mt 6,19-20).

E nós, quando iniciamos essa oração, tomamos consciência do valor e da grandeza dessa palavra? Ou apenas a

---

[7] Papa Francisco. Audiência geral de 12/12/2018.

repetimos, em uma atitude de filhos pródigos, que, estando diante do Pai, não se encontram em intimidade com ele?

Vale destacar que, no Pai-nosso, temos também a oportunidade de nos reconhecer. Ele não revela apenas quem Deus é, mas nos mostra quem de fato nós somos: filhos do Pai! Somos revelados a nós próprios, ao mesmo tempo em que nos é revelado o Pai[8]. "Com efeito, vós todos sois filhos de Deus pela fé em Jesus Cristo" (Gl 3,26); "E porque sois filhos, Deus enviou a nossos corações o Espírito de seu Filho, que clama: Abá – ó Pai! Assim já não és mais escravo, mas filho; e, se és filho, és também herdeiro: tudo isso, por graça de Deus" (Gl 4,6-7); "Vede que grande presente de amor o Pai nos deu: sermos chamados filhos de Deus! E nós o somos! E, se o mundo não nos conhece, é porque não conheceu o Pai" (1Jo 3,1); "O próprio Espírito se une a nosso espírito para nos atestar que somos filhos de Deus" (Rm 8,16).

Nossa fé nos recorda que, para que este chamado de filhos seja sincero, é necessária a fé dos pequeninos, porque "ninguém conhece o Pai, senão o Filho e aquele a quem o Filho quiser revelar" (Mt 11,27). Enquanto o Pai-nosso nos convida a essa humildade, olhamos para a parábola do filho cheio de soberba, que, ao exigir os bens, professa não necessitar do pai, de sua presença, de seu amor, mas apenas do que fosse possível arrancar-lhe, como barganha. Mais ou menos como, por vezes, fazemos com Deus, quase que lhe exigindo graças, dons, curas e milagres, desprezando a graça maior, que é seu amor, seu cuidado e sua presença.

> Deus, nosso Pai, transcende as categorias do mundo criado. Transpor para Ele, ou contra Ele, nossas ideias, neste campo, seria fabricar ídolos, para adorar ou para demolir. Orar ao Pai é entrar em seu mistério, tal qual Ele é, e tal como o Filho no-lo revelou[9].

---

[8] Constituição Pastoral *Gaudium et spes*, n. 22.

[9] Catecismo da Igreja católica, n. 2779.

Quem reconhece Deus como Pai não o troca por qualquer outro bem, porque sabe que "ninguém é bom senão só Deus" (Mc 10,18). Por isso vivencia a eternidade contínua no simples segundo de pronunciar "Pai... Pai nosso..." Em uma palavra apenas a realidade de Deus e a nossa realidade, nossa fé e esperança. O que somos e o que cremos abarcados nesta palavra: Pai.

> A primeira palavra da Oração do Senhor é uma bênção de adoração, antes de ser uma súplica. Pois a glória de Deus é que nós o reconheçamos como "Pai", Deus verdadeiro. Rendemos-lhe graças por nos ter revelado seu Nome, por nos ter concedido crer nele, e por sermos habitados pela sua Presença[10].

Não somos órfãos, portanto não há razão para agirmos ou rezarmos como se o fôssemos. Deus não nos pertence; nós é que somos dele. Quem compreende isso não parte, não se afasta, mas encontra nele a razão de sua vida, afinal, nele "vivemos, movemo-nos e somos" (At 17,28).

E vamos além! Mais uma beleza escondida e revelada: na oração particular e íntima, fazemos a experiência da comunhão, voltados a um Deus, que não é só meu, mas que é um Pai nosso; não indica uma posse, mas uma relação de dependência vertical (com Deus = "Pai") e horizontal (com os irmãos = "nosso"). É experiência da oração da família de Deus. Por isso dizemos, "Pai nosso!"

> Não dizemos "Pai meu", mas Pai nosso, porque o Mestre da paz e da união não quis que se fizessem súplicas de maneira isolada e privada, como quando alguém roga somente por si. A oração é, para nós, pública e comum, e quando oramos não rogamos por um só, mas por todo o povo, porque nós, todo o povo, somos um só. Quis o Senhor que cada um rogasse por todos os demais, assim como Ele, sendo um, carregou a todos[11].

---

[10] Ibid., n. 2781.

[11] São Cipriano. *De cratione Domini*.

A realidade de um Deus, que é Pai de todos, já abre a oração para que tomemos consciência de que todas as demais sentenças dela dependem. Não podemos esperar que o Reino venha, que sua vontade aconteça, que o pão seja ofertado, que o perdão aconteça, que a tentação seja repelida e que o mal seja disperso, sem que reconheçamos e professemos que tais graças não são particulares, mas sinais da misericórdia de um Pai, que é de todos os filhos.

De fato, o pedido não é que o Reino venha a mim, mas a nós; o pão não é para mim, é nosso; e o perdão não é para mim, é uma súplica a perdoar-nos as nossas ofensas. Da mesma forma, o pedido é que todos nós não sejamos deixados e caídos na tentação e que sejamos (no plural) livres do mal. Ainda que não se perceba (mas deveríamos nos esforçar para perceber), rezo não só por mim, mas, a cada vez que suplico ao Pai nosso, intercedo por todos os seus filhos dispersos pelo mundo inteiro[12].

Corremos o risco de uma fé muito intimista, e esse fenômeno vem crescendo alarmantemente entre os cristãos. Somos, muitas vezes, tentados a fazer experiências particulares de um Deus, que é comunitário; com isso muitos acabam por ilustrar uma imagem que não existe. As pessoas criam um Deus para si, que é só seu, e não o Pai de todos, por isso vivem a fé como se Ele lhes fosse um produto, quase que um gênio da lâmpada a mover-lhe as emoções e realizar seus desejos.

O Pai de Jesus não é assim. Cristo, o "primogênito de muitos irmãos" (Rm 8,29), revelou-se a nós e se encarnou como o "Deus-Conosco" (cf. Is 7,14; 8,10; Mt 1,23). E é com ele, com suas palavras e atitudes, que aprendemos que o termo "Pai" nos direciona ao amor a Deus e o "nosso" nos conduz ao amor ao próximo. "Faze isto e viverás... Vai e faze o mesmo" (cf. Lc 10,25-37).

---

[12] Cf. Oração Eucarística III.

Por isso a Igreja nos afirma:

> se rezamos verdadeiramente ao "Nosso Pai", saímos do individualismo, pois o Amor que acolhemos nos liberta. O "nosso" do início da Oração do Senhor, como o "nós" dos quatro últimos pedidos, não exclui ninguém. Para que seja dito em verdade (Cf. Mt 5,23-24; 6,14-15), nossas divisões e oposições devem ser superadas[13].

Tanto o filho mais novo quanto o mais velho da parábola não pensaram no outro ao exigirem seus desejos: um, atrás da fuga e do esbanjamento; outro priorizou seus "direitos" em detrimento da alegria pela recuperação do irmão. Aquele que parte e aquele que não acolhe são, na verdade, dois filhos que se afastaram do Pai, porque não entenderam que só nos aproximamos dele à medida que somos próximos dos irmãos, filhos desse mesmo Pai.

O Pai-nosso é, assim, oração dos filhos e dos irmãos. "Se nos amamos uns aos outros, Deus permanece conosco, e seu amor é plenamente realizado entre nós... Se alguém disser: 'Amo a Deus', mas odeia seu irmão, a quem vê, não poderá amar a Deus, a quem não vê" (1Jo 4,12.20). Somente quem ama os irmãos é capaz de amar a Deus a ponto de gritar-lhe: Pai nosso! Ainda completamos a expressão: Pai nosso, que estais nos céus, "para que saibamos que temos um Pai celeste e que se corem de vergonha os que se põem debaixo de coisas terrenas tendo um Pai nos céus"[14].

A oração inicia recordando-nos de que Deus habita, que não é só, é Trindade, portanto é comunhão; e, estando nos céus, quis estar também no meio de nós, conduzir-nos à comunhão com Ele.

> Esta expressão bíblica não significa um lugar ["o espaço"], mas uma maneira de ser; não o afastamento de Deus, mas sua majes-

---

[13] Catecismo da Igreja Católica, n. 2792.

[14] Pseudo-Crisóstomo. *Opus imperfectum in Matthaeum, hom*. 14.

tade. Nosso Pai não está "em outro lugar", Ele está "para além de tudo" quanto possamos conceber a respeito de sua Santidade[15].

Quanta beleza: Deus não está em um lugar material, mas além de tudo. Não está contido no espaço e no tempo, é transcendente, por isso rezamos com o Salmo: "Se eu subir até os céus, ali estais; se eu descer até o abismo, estais presente. Se a aurora me emprestar suas asas, para eu voar e habitar no fim dos mares; mesmo lá vai me guiar a vossa mão e segurar-me com firmeza a vossa destra" (Sl 138,8-10).

O próprio Jesus, que nos ensinou o Pai-nosso, garantiu: "Na casa de meu Pai, há muitas moradas" (Jo 14,2). Deus habita e, habitando no meio de nós – "o Verbo se fez carne e habitou no meio de nós" (Jo 1,14) –, participa de nossa vida e deseja que participemos de sua comunhão. "Grande é o Senhor, na cidade onde habita" (Sl 48,2), "eis a morada de Deus com os homens, ele morará junto deles" (Ap 21,3).

Olhar para um Deus, que habita, que se faz família, partindo da história de um filho que possuía tudo na casa e no convívio com o pai e que, mesmo assim, apartou-se, faz-nos perceber que viemos de Deus e, mesmo constantemente convidados a participar de sua comunhão, também nós partimos, dele nos afastamos.

> A expressão "nos céus" não exprime distância, mas uma diversidade de radical de amor, outra dimensão de amor, um amor incansável, um amor que permanecerá para sempre, aliás, que está sempre ao alcance das mãos. É suficiente dizer "Pai nosso, que estais nos Céus", e aquele amor chega[16].

A parábola do filho pródigo nada mais é do que esta experiência da volta para onde Deus habita, o regresso para a casa do Pai; como filhos nós iniciamos essa oração vol-

[15] Catecismo da Igreja Católica, n. 2794.
[16] Papa Francisco. Audiência geral de 20/2/2019.

tados para Deus, com nosso coração em prece, como que gritando: Pai nosso, que estais nos céus, sois também o Pai, que estais no meio de nós. Fazei-nos estar em comunhão convosco, trazei-nos de volta a vossa comunhão, trazei-nos de volta a casa. E convosco, em vossa intimidade, desejamos um dia partir definitivamente para o encontro convosco e estar convosco por todo o sempre nos céus. É para nós meta, anseio, é a prece de nosso coração de filhos que também nós estejamos convosco, ó Pai, nos céus.

2

SANTIFICADO SEJA O VOSSO NOME

O filho mais novo disse ao pai: "Pai,
dá-me a parte da herança que me cabe".
E o pai dividiu os bens entre eles.

(Lc 15,12)

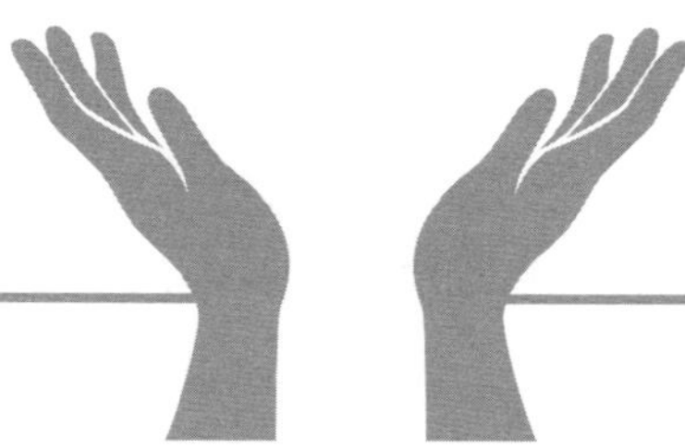

Aquele que participa da intimidade com o Pai diz e deseja a grandeza daquele que tanto lhe dispensou amor. Só quem compreende a dependência livre que temos de Deus é capaz de pedir em oração que seu nome seja santificado.

O filho mais novo era amado a tal ponto de ser livre para abandonar a casa[17], por isso abriu mão dessa relação para partir – e talvez tenha sido explicitado como o mais jovem para aludir à ideia de inexperiência, imaturidade e impulsividade. Exige do pai sua parte na herança. Se essa frase nos surpreende hoje, imaginemos na época em que Jesus contou a parábola. O filho lançou fora tudo que lhe propiciara pertença: o lar, a herança, o pai. E foi embora. Deixou tudo para trás.

Pedir que seja santificado o nome de Deus quer dizer, antes de tudo, reconhecer como santo, tratar de um modo santo aquele que é o centro de nossa vida, a quem tanto amamos, que chamamos de Pai.

Como nos ensina Santo Agostinho acerca da oração: "Não se pede assim porque o nome de Deus não seja santo, mas para que seja tido como santo pelos homens"[18]. O nome de nosso Deus e Pai é Santo, e pedimos que esse santo nome seja sempre santificado e louvado em todo o Universo e por todos os tempos.

> A primeira série de pedidos nos leva em direção a Ele, para Ele: o vosso Nome, vosso Reino, vossa Vontade! É próprio do amor pensar primeiro naquele que amamos. Em cada um desses três pedidos, não "nos" mencionamos, mas o que se apodera de nós é "o desejo ardente", "a angústia" até, do Filho bem-amado para a Glória de seu Pai (cf. Lc 22,15; 12,50): "Seja santificado... Venha... Seja feita...": Essas três súplicas já foram atendidas pelo sacrifício

[17] Nouwen, 1997, p. 49.

[18] Santo Agostinho. *De sermone Domini*, 2,5.

do Cristo Salvador, mas se elevam doravante, na esperança, para seu cumprimento final, enquanto Deus ainda não é tudo em nós (1Cor 15,28)[19].

Estando o Pai-nosso entre nossas orações diárias e no desejo de compreendê-lo e saboreá-lo em cada palavra, somos convidados, pela primeira petição, a reconhecer a Santidade de Deus, que "em Cristo nos escolheu para que sejamos santos e irrepreensíveis sob seu olhar, no amor [...] como seus filhos adotivos por intermédio de Jesus Cristo"(Ef 1,4-5). E, cada vez que repetimos "Santificado seja o vosso nome", vai se renovando, em nosso coração, a ordem: "Sede santos, porque eu, vosso Deus, sou santo" (Lv 19,2); "Sede perfeitos como vosso Pai do céu é perfeito" (Mt 5,48); "Sede misericordiosos, como também o vosso Pai é misericordioso" (Lc 6,36).

Na verdade, em momentos importantes da História, Deus vai aos poucos se revelando e revelando seu Santo Nome (Ex 3,14): "muitas vezes e de muitos modos falou Deus outrora aos nossos pais, pelos profetas; nestes dias, que são os últimos, ele nos falou por meio do Filho" (Hb 1,1) e se apresentou ao mundo com o nome de um Deus, que salva: Jesus (Mt 1,21; Lc 1,31).

E nós, ousadamente, denominamo-nos cristãos, porque, mergulhados no Batismo, fomos purificados (1Cor 6,11) e somos chamados constantemente à Santidade (1Ts 4,7), em vista de seu gesto misericordioso de, como o Esposo que deu a vida, querer nos tornar, como Igreja, sua Esposa: "quis torná-la santa, purificando-a com o banho da água unida à Palavra. Ele quis apresentá-la a si mesmo esplêndida, sem mancha nem ruga, nem defeito algum, mas santa e irrepreensível" (Ef 5,25-27).

---

[19] Catecismo da Igreja Católica, n. 2804.

De fato, a obra de Deus "só se realiza para nós e em nós se seu nome for santificado por nós e em nós"[20]. Há uma frase atribuída a São Francisco de Assis que resume tal pensamento: "Tome cuidado com sua vida, talvez ela seja o único evangelho que as pessoas leiam". Também São Charles de Foucauld nos dá uma chave para vivermos a santidade e tornarmos Santo o nome daquele que é o Santo dos Santos: "gritar o Evangelho com sua vida". Por isso São Cipriano de Cartago já aconselhava no longínquo século III:

> Precisamos de uma santificação cotidiana para que, incorrendo em faltas todos os dias, todos os dias sejamos delas purificados por uma santificação assídua. [...] Portanto, oramos para que essa santificação permaneça em nós[21].

Também São Pedro Crisólogo, no século V, exortava que "nós pedimos que este nome de Deus seja santificado em nós pela nossa atuação. Porque, se nós agirmos bem, o nome de Deus será bendito; mas será blasfemado se agirmos mal"[22]. De tal maneira, "não pedimos a Deus que Ele seja santificado por meio de nossas orações, mas que seu nome seja santificado em nós"[23].

A primeira das petições do Pai-nosso é, então, o ponto de chegada das outras seis, à medida que, vivendo o que na oração pedimos, na espera do Reino, fazendo a vontade do Pai, acolhendo sua providência e seu perdão, perdoando e lutando para não cair em tentação, confiantes de que o Se-

---

20 Ibid., n. 2808.

21 São Cipriano de Cartago, De dominica oratione, 12.

22 São Pedro Crisólogo, Sermão 71, 4.

23 Pseudo-Crisóstomo. *Opus imperfectum in Matthaeum, hom*, 14.

nhor nos livra do mal, em tudo damos glória e santificamos o nome do Senhor, que é Santo, Santo, Santo.

Em outras palavras, recorrendo à sabedoria popular, "Filho de peixe peixinho é". Ou seja, participando da proximidade de Deus, vamos aprendendo a ter em nós "os mesmos sentimentos que havia em Cristo Jesus" (Fl 2,5). Estar com o pai é aprender a ser como Ele.

Penso em como tudo seria diferente se o filho daquela história tivesse permanecido no convívio do pai e tivesse tido tantas oportunidades de assemelhar-se um pouco mais àquele homem tão misericordioso.

Como sabemos, a parábola do Filho Pródigo é a terceira das histórias contadas por Cristo no capítulo 15 do Evangelho de Lucas, para ilustrar a misericórdia divina e a acolhida e alegria do retorno. Contudo esta última carrega uma particularidade em relação às anteriores. Primeiro, Jesus fala de uma ovelha que acabou se perdendo do restante do rebanho; depois, apresenta uma moeda que fora perdida por uma mulher. Diferentemente, o filho mais novo da terceira parábola não se perdeu, nem foi perdido; ele fez a livre escolha de se apartar. Estar distante do pai foi uma decisão sua, por isso não é um filho perdido, mas pródigo.

O que há de semelhante nas três histórias é a atitude daqueles a quem os afastados pertenciam: o pastor deixa as noventa e nove ovelhas no deserto e vai atrás da que se perdeu; a mulher acende a lâmpada e varre toda a casa até encontrar sua moeda; e o pai, em uma atitude de amor e misericórdia, não desiste do filho, permanecendo a sua espera. Quem ama não desiste, mas também não força, não impõe; às vezes, apenas espera.

Deus nos dá a graça de, em nossa vida e em nossos passos, santificar seu nome e tornar seu anúncio e sua presença santos no meio das pessoas com as quais convivemos. E qual a resposta que lhe damos? Quem nos vê enxerga o Pai? (cf. Jo 14,9). Seu nome é santificado em nós? Ou transmitimos a ausência de quem se afastou?

Nossas recitações do Pai-nosso, antes de serem com os lábios, precisam ser com o coração de quem foi encontrado pelo Pai. "Haverá no céu alegria por um só pecador que se arrepende, mais do que por noventa e nove justos que não precisam de arrependimento" (Lc 15,7).

3

VENHA A NÓS O VOSSO REINO

Poucos dias depois, o filho mais novo juntou o que era seu e partiu para um lugar distante. E ali esbanjou tudo numa vida desenfreada.

(Lc 15,13)

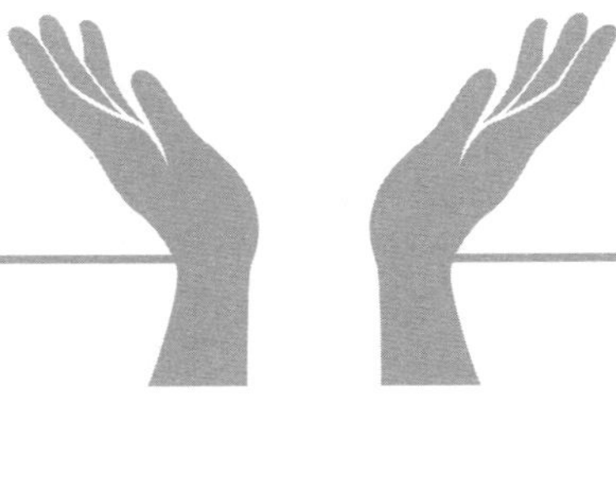

O desejo da vinda do Reino do Pai é totalmente oposto ao desejo do filho que partiu com os bens, que saiu da casa do pai para gastar o que dele recebera. Paralelamente, é como se já estivéssemos no Reino do Pai Celeste e preferíssemos deixá-lo para atirar fora os dons e as graças que Ele nos concedeu. De certa forma, é meio o que fazemos em nossa vida, trocando os Sinais do Reino pelos prazeres e pelas futilidades de alegrias e prazeres momentâneos.

Na verdade, o que o jovem queria era ser rei, ser dono de si e bancar situações que lhe proporcionassem essa ilusão. Gastou todo o dinheiro com tudo o que pudesse comprar, esbanjou tudo em uma vida sem freios. Na ânsia de viver como um rei, não percebeu que iniciava uma vida de escravo, preso ao que comprava, aos falsos amigos que conquistara e a todo o luxo efêmero de quem, erroneamente, tenta encontrar em si e no que possui a plenitude da verdadeira felicidade.

O Reino de Deus é eterno, assim como a felicidade de ter uma família. Ainda assim ele preferiu trocar o eterno pelo momentâneo, o abstrato pelo concreto e não percebeu que, entre os seus e na presença do pai misericordioso, poderia experimentar já aqui o Reino de Deus, "amar desde agora o que é do céu e, caminhando entre as coisas que passam, abraçar as que não passam"[24].

Sendo de Deus, o Reino não está preso no espaço e no tempo, não é um lugar, mas um modo, um estilo de vida em Deus. Por isso que Cristo, que se fez Homem, conhece nosso coração humano e sabe de nossas limitações, ensinou-nos a pedir sempre ao Pai: venha a nós o vosso Reino. E, claro, "isso não quer dizer que Deus não reine agora na terra, porque sempre reinou sobre ela. A palavra *venha* significa que se manifeste aos homens"[25].

---

[24] Cf. Oração depois da comunhão, do I Domingo do Advento.
[25] Santo Agostinho. *De sermone Domini*, 2,6.

Embora seja uma súplica dirigida à realidade de Deus, essa é uma prece que afeta nossa realidade humana e nossa vida, não necessariamente a realidade do próprio Deus, uma vez que Ele já reina, em unidade com o Filho e o Espírito Santo, por todos os séculos dos séculos. A oração do Pai-nosso deve ser, então, uma experiência de conversão para os que a recitam, a fim de que possam se abrir à ação de Deus e construir seu Reino já neste mundo, de modo que em seu anúncio e testemunho se encarnem as palavras de Jesus: "O Reino de Deus está próximo" (Mc 1,15).

> Aproximou-se no Verbo encarnado, é anunciado ao longo de todo o Evangelho, veio na morte e na Ressurreição de Cristo. O Reino de Deus vem desde a Santa Ceia e na Eucaristia: ele está no meio de nós. O Reino virá na glória quando Cristo o restituir a seu Pai[26].

De fato, a missão de Cristo é a instauração do Reino, portanto a missão de seus discípulos não é outra senão a missão do Mestre, iniciada nele e que continua em nós: fazer acontecer o Reino de Deus. E todas as demais ações e palavras, sejam de Cristo ou dos cristãos, derivam dessa única missão. Aliás, "este desejo não desvia a Igreja de sua missão neste mundo, antes a empenha ainda mais nesta missão".[27]

E Jesus não é só o instaurador do Reino, mas também é sua plenitude. O anúncio dessa chegada está presente não só em seus discursos, mas também em todas as suas ações, nos sinais que realizou, nas vidas que transformou, na Igreja que fundou, nos apóstolos enviados e, claro, na pedagogia de suas parábolas e seus ensinamentos.

E é do próprio Senhor que aprendemos a pedir a vinda do Reino no Pai-nosso. Podemos, inclusive, dizer que a

---

[26] Catecismo da Igreja Católica, n. 2816.
[27] Ibid., n. 2818.

súplica por essa vinda é o coração e, ao mesmo tempo, o ápice do cumprimento de toda a oração do Pai-nosso. Na frase "Venha a nós o vosso Reino", repetimos o pedido incessante da Igreja, que a acompanha desde sua origem e em sua ação litúrgica. "O Espírito e a Esposa dizem: 'Vem!' Aquele que escuta isso também diga: 'Vem!'... Amém! Vem, Senhor Jesus!" (Ap 22,17.20). *Marana tha*! Anunciamos, Senhor, a vossa morte e proclamamos a vossa ressurreição. Vinde, Senhor Jesus![28]

Nossa prece é como que um pedido para que se apresse a última e definitiva vinda de Cristo, como plena realização de seu reinado. E, ao mesmo tempo, o desejo de que, já nesta Terra, no meio de nós, aconteça "o Reino de justiça, paz e alegria no Espírito Santo" (Rm 14,17), pois "o Reino de Deus virá, queiramos ou não. Mas despertamos nosso desejo em direção àquele reino de modo que venha para nós e que nele reinemos".[29]

Enquanto o filho da parábola se afasta da felicidade do convívio com o pai, em nossa oração pedimos o contrário: que a felicidade do encontro definitivo com o Pai Celeste se aproxime de nós – venha a nós, Senhor, o vosso Reino; venha o vosso Reinado a este mundo tão dividido entre tantas pessoas que desejam dominar umas às outras. Trazei a nós a alegria do encontro convosco. Queremos estar convosco para sempre! Não sejamos pródigos aos dons que de vós recebemos, mas plantemos o vosso Reino no mundo e na vida das pessoas! Venha a nós, aconteça em nós o vosso Reino de amor.

---

[28] Aclamação memorial da Liturgia Eucarística.

[29] Santo Agostinho. *Ad Probam*, epístola 130,11.

4

SEJA FEITA A VOSSA VONTADE, ASSIM NA TERRA COMO NO CÉU

Quando tinha gastado tudo o que possuía,
houve uma grande fome naquela região,
e ele começou a passar necessidade.

(Lc 15,14)

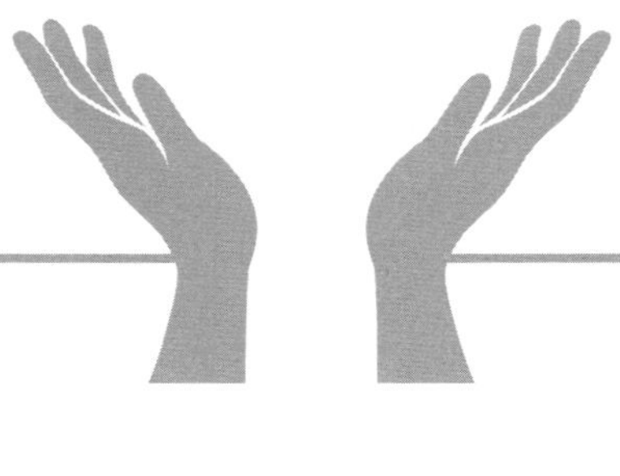

Vontade e necessidade caminham paralelamente e, ao mesmo tempo, por vezes, opõem-se. Sendo livre, sendo filho, sendo herdeiro, o jovem da parábola preferiu colocar sua vontade e seus desejos acima da dependência dos cuidados de seu pai.

Necessitar, depender de Deus, não há liberdade maior. Não porque somos passivos às vontades de um Deus distante, mas simplesmente porque Ele sabe o que faz, está acima e além da limitação de nossa visão, que insiste em arrastar as imagens do passado, que vive apenas de presente (como se ele jamais acabasse) e que, no máximo, projeta apenas um futuro que atenda a nossas expectativas.

Em um conflito entre o suposto domínio absoluto de sua vida e a dependência de seu pai, ou seja, o exercício de sua filiação, o jovem filho decide assumir o controle, impondo suas vontades aos cuidados da casa paterna. Interessante que deseja ser dono de si, independente da família, sem dar satisfações nem depender de ninguém, a não ser de seus desejos e extravagâncias, mas o faz com o dinheiro que ainda não devia ser seu. Abre mão da família, rejeita os laços, mas financia suas loucuras com o fruto do suor daqueles a quem estivera anteriormente ligado.

Não havia compreendido ainda que seu lar era lugar de amparo, cuidado e porto seguro. Nega viver à sombra do pai, por isso parte para longe, na tentativa de fugir e afastar-se de qualquer lembrança ou sinal de suas raízes. E é justamente porque inicia uma vida nova, sem raízes, que logo perde a vitalidade. Seu sonho vai se desfazendo e percebe-se sozinho, abandonado, miserável e, de certo modo, órfão.

Assim também nós, por diversas vezes, não compreendemos como se realiza em nossos dias a vontade de Deus, porque nossos olhares também são limitados, nosso coração é pequeno e não temos a ciência do tempo nem o controle de tudo. De fato, não entendemos o tempo de Deus, sua divina vontade e sua acertada providência, por isso relutamos em fazer sua vontade; em nossa pequena compreensão sobre o imediato do momento, achamos que temos o controle sobre tudo que, na verdade, nunca foi nosso. Por isso também sofremos tanto com a morte de nossos entes queridos, porque carregamos a ilusão de que um dia eles foram nossos, de que nossa vida nos pertence, de que temos o controle sobre tudo e sobre todos. E não é essa a verdade. Nossa vida está nas mãos de Deus (Sb 3,1). "O mundo passa..., mas aquele que faz a vontade de Deus permanece para sempre" (1Jo 2,17).

O filho da história foge de viver a vontade do pai, sem entender que fazer a vontade daqueles que nos amam nada mais é do que encarnar o cuidado destes que não desistem de nós. As quedas que sofreu em seu tempo de aventuras não foram as primeiras de sua vida, mas foram as únicas sofridas sozinho, porque – e todos já vimos muitas histórias assim –, quando o dinheiro acaba, acabam-se os amigos, as bajulações, as promessas, as festas, e restam apenas as lágrimas de um coração esvaziado.

Ele tinha um caminho para sua felicidade: a vontade do pai e, nela, seu carinho, seu cuidado, seus sonhos. Contudo, preferindo viver sua própria vontade, seus desejos e caprichos, às custas do desfalque causado à família, e mais ainda ao coração do pai, experimentou o que é passar necessidade. Da vontade à necessidade. Necessitava do que comer, de onde se abrigar, de um espaço para chamar de seu, de um abraço, da escuta, da presença de quem o amasse. Além de suas necessidades físicas, experimentou o vazio de precisar do calor humano, de ser reconhecido como pessoa. O jovem da parábola necessitava, acima de tudo, recuperar sua identidade de filho.

Como repetimos esses passos e essas quedas em nossa vida espiritual, o Senhor nos ensina a rezar ao Pai pedindo: "seja feita a vossa vontade", como também Ele pediu em seu extremo de agonia, abandonando-se inteiramente à vontade do Pai: "Meu Pai, se este cálice não pode passar sem que eu o beba, seja feita a tua vontade!" (Mt 26,42).

O pedido "seja feita a vossa vontade" vai ao encontro do "venha a nós o vosso reino", não só pela proximidade poética. Como eram frases muito presentes nas composições hebraicas, na união dessas duas frases, há uma verdade de fé: o Reino de Deus acontece onde sua vontade é feita e onde se observa a vontade divina. E São João Crisóstomo mesmo ensina:

> Depois de ter-nos ensinado a desejar as coisas do céu por estas palavras Venha a nós o teu reino, antes de chegar ao céu, ensina-nos a fazer da terra céu com estas palavras: Seja feita a tua vontade, assim na terra como no céu[30].

---

[30] São João Crisóstomo. *Homiliae in Matthaeum, hom.* 19,5.

A vontade de Deus é sempre perfeita, por mais que, às vezes, não a compreendamos. Há um ditado popular que diz que "Deus escreve certo por linhas tortas". Eu tomo sempre a liberdade de completá-lo, afirmando que Deus escreve certo mesmo onde não há linha alguma, afinal "tudo concorre para o bem daqueles que amam a Deus" (Rm 8,28).

Quantas vezes não encontramos belíssimos hinos a esse respeito e que, repetidas e repetidas vezes, não os lemos sem perceber a beleza que testemunham? Uma dessas passagens está no Salmo 19B, que diz:

> A lei do Senhor Deus é perfeita, *
> conforto para a alma!
> O testemunho do Senhor é fiel, *
> sabedoria dos humildes.
> Os preceitos do Senhor são precisos, *
> alegria ao coração.
> O mandamento do Senhor é brilhante, *
> para os olhos é uma luz.
> É puro o temor do Senhor, *
> imutável para sempre.
> Os julgamentos do Senhor são corretos *
> e justos igualmente.
> Mais desejáveis do que o ouro são eles, *
> do que o ouro refinado.
> Suas palavras são mais doces que o mel, *
> que o mel que sai dos favos. (Sl 19B,8-11)

Ah, se vivêssemos de verdade o que lemos e professamos com a boca, se entendêssemos de verdade que o que o Senhor Jesus ensinou no sermão da montanha, segundo a ótica de Mateus, logo após ensinar o Pai-nosso, convidando: "buscai em primeiro lugar o Reino de Deus e a sua justiça, e todas estas coisas vos serão dadas por acréscimo" (Mt 6,33)!

Fazer a vontade de Deus não consiste em anular a nossa, mas compreender sua providência e tudo fazer para que nossa vontade esteja de acordo e coincida com a de Deus, para que nosso querer se identifique com o seu. "Não pedimos que Ele faça o que quer, mas que nós possamos fazer o que Deus quer"[31], e assim vamos, a cada dia, em cada passo, a cada projeto, sonho e aspiração, percebendo que "até aqui nos ajudou o Senhor" (1Sm 7,12).

Claro, confiar na providência é um desafio, mas é possível e vale a pena. Escreveria um outro livro, se possível, apenas partilhando as tantas vezes que minha família e eu fizemos a experiência dos cuidados de Deus e de sua providência, sempre na hora e do jeito certo; nem sempre como eu esperava, mas na medida que necessitávamos; não para suprir nossas expectativas, mas, acima de tudo e em tudo, para nos aproximar do Senhor.

A suprema vontade de Deus é que nos salvemos, por isso Ele nos enviou seu Filho. "Deus amou tanto o mundo, que deu seu Filho unigênito, para que não morra todo o que nele crer, mas tenha a vida eterna" (Jo 3,16). E Deus quer que amemos uns aos outros, do mesmo modo que Cristo nos amou. "Amemo-nos uns aos outros, porque o amor vem de Deus e todo aquele que ama nasceu de Deus e conhece Deus. Quem não ama não chegou a conhecer Deus, pois Deus é amor" (1Jo 4,7-8).

A vontade de nosso Deus e Pai é que o amemos acima de todas as coisas e que obedeçamos a seus mandamentos.

---

[31] São Cipriano. *De oratione Domini*.

"Feliz o homem sem pecado em seu caminho, que na lei do Senhor Deus vai progredindo! Feliz o homem que observa seus preceitos e de todo o coração procura a Deus!" (Sl 119,1-2).

Viver a vontade de Deus é confiar sempre em sua Divina Providência, pois "Deus guarda e governa, pela sua providência, tudo quanto criou, atingindo com força, de um extremo ao outro, e dispondo tudo suavemente" (Sb 8,1), porque "tudo está nu e patente a seus olhos" (Hb 4,13), mesmo aquilo que "depende da ação livre das criaturas".[32]

Deus tudo conduz (Sl 23,1), mas, mesmo assim, não nos trata como suas marionetes. Ele jamais retira a liberdade do ser humano. Está conosco em todos os lugares e momentos, respeitando nossas escolhas, sem excluir o preço de nossas decisões. Deus é misericordioso e justo! Por isso há sempre a possibilidade do retorno; os que se afastam do Senhor, como o filho pródigo, precisam experimentar a ausência do Pai para que decidam voltar.

Rezar e meditar o pedido "Seja feita a vossa vontade assim na terra como no céu" é assumir em nós as mesmas preces de homens e mulheres que vieram antes de nós e que compuseram orações e hinos belíssimos à providência divina. "Ensinai-nos a contar os nossos dias e dai ao nosso coração sabedoria! Que a bondade do Senhor e nosso Deus repouse sobre nós e nos conduza! Tornai fecundo, ó Senhor, nosso trabalho, fazei dar frutos o labor de nossas mãos! (Sl 90,12.17).

---

[32] Catecismo da Igreja Católica, n. 302.

Não sejamos filhos fujões, encontremos nosso prazer na vontade do Pai, lutemos para que ela seja feita na terra assim como é cumprida no céu. E, quando cairmos, saibamos para onde regressar: para junto de Deus, nos braços do Pai. "No Senhor nós esperamos confiantes, porque ele é nosso auxílio e nossa proteção! Por isso nosso coração se alegra nele, seu santo nome é nossa única esperança. Sobre nós venha, Senhor, vossa graça, da mesma forma que em vós nós esperamos!" (Sl 33,20-22).

5

O PÃO NOSSO DE CADA DIA NOS DAI HOJE

Então foi pedir trabalho a um homem do lugar,
que o mandou para seu campo cuidar dos porcos.
O rapaz queria matar a fome com a comida
que os porcos comiam, mas nem isto lhe davam.

(Lc 15,15-16)

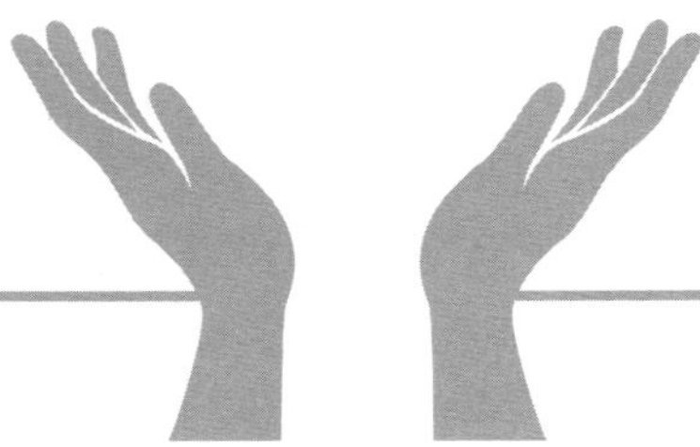

Após partir e gastar todo o dinheiro, encontrando-se em precariedade, o filho experimentou algo que, talvez, jamais tivesse passado enquanto estivera no regaço do pai: a fome. E não só a fome de amor, de presença e pertença, como também a fome física. O que doera no coração do pai, doeu no estômago do filho. E aquele que deixou o pai humilhado em casa, pediu arrego, humilhado pelo homem que o mandou à lama tratar dos porcos.

Sim, o pródigo rapaz estava na lama, em meio aos porcos, sujo pelo ofício, mas também emporcalhado pelo pecado cometido. Sentia a fome, o frio, a solidão, a ausência. Chegou ao cúmulo de buscar comer o que era reservado aos animais, tamanha sua anulação. Ele, que havia negado a filiação, não se via nem à altura do mais sujo dos animais, cujos restos de comida não lhe poderiam ser ofertados. Tornara-se um nada, um ninguém aquele que por toda a vida fora chamado de filho.

Em seu desespero, a cada respiro, repetia a prece a qualquer um que encontrasse: "Dá-me pão!" E é assim que também nós, mendigos de amor, necessitados de misericórdia, atirados à lama de nossas quedas, mas lutando para santificar o nome de Deus e fazer sua vontade, na espera confiante pelo Reino, clamamos: "O pão nosso de cada dia nos dai hoje!"

Se os três primeiros pedidos do Pai-nosso dizem respeito às realidades divinas, ou seja, a nossa relação com Deus, os próximos quatro pedidos retratam as realidades humanas, convertendo-os para a relação com os irmãos.

> A oração do "Pai-Nosso" afunda suas raízes na realidade concreta do homem. Por exemplo, faz-nos pedir o pão de cada dia: pedido simples, mas essencial, o qual diz que a fé não é uma questão "decorativa", separada da vida, que intervém quando todas as outras necessidades foram satisfeitas[33].

[33] Papa Francisco. Audiência geral de 05/12/2018.

O pedido que abre esse segundo bloco de rogações nos coloca concretamente diante de tantos irmãos, que, filhos de um mesmo Pai Celeste, passam fome. Nosso coração se condói quando nossos filhos pedem o que comer, mas, muitas vezes, não se move em direção a outros tantos irmãos que se voltam para o Pai e pedem pão, água, cobertor, um teto, uma vida que seja digna de ser chamada assim. Apenas vivem, mas não existem, porque o que passam não é vida, mas sobrevivência. Por isso "o pão que pedimos ao Senhor na oração é o mesmo que um dia nos acusará"[34], se nossa oração não abrir nossas mãos e nosso coração.

> Jesus ensina a pedir ao Pai o pão de cada dia. E ensina-nos a fazê-lo juntamente com muitos homens e muitas mulheres para os quais essa prece é um grito — muitas vezes abafado — que acompanha a ansiedade de todos os dias[35].

Diante das tantas preces, orações e canções que foram compostas com o coração voltado para o social, nenhuma supera o pedido que aprendemos da boca do próprio Senhor Jesus: "Pai Nosso... Pão nosso".

> O pão que o cristão pede na oração não é o "meu" pão, mas o "nosso". Assim quer Jesus. Ensina-nos a pedi-lo não só para nós mesmos, mas para a inteira fraternidade do mundo. Se não se rezar deste modo, o "Pai-Nosso" deixa de ser uma oração cristã[36].

A quarta súplica é o pedido confiante dos filhos que encontram em Deus um Pai, que tudo lhes provê, pois, como disse o próprio Jesus – e que Mateus lhe atribui como uma fala seguinte à do Pai-nosso: "ele faz nascer o sol sobre maus e bons e faz cair a chuva sobre justos e injustos" (Mt 5,45). E é por isso que reconhecemos com toda a criação, com

---

[34] Papa Francisco. Audiência geral de 27/03/2019.
[35] *Ibid.*
[36] Papa Francisco. Audiência geral de 27/03/2019.

todos os seres vivos: "Todos eles, ó Senhor, de vós esperam que a seu tempo vós lhes deis o alimento; vós lhes dais o que comer, e eles recolhem, vós abris a vossa mão, e eles se fartam" (Sl 103,27-28).

> "Dai-nos" é ainda expressão da Aliança: pertencemos a Ele e Ele pertence a nós, age em nosso favor. Mas esse "nós" o reconhece também como o Pai de todos os homens e nós lhe pedimos por todos eles, em solidariedade com suas necessidades e seus sofrimentos.[37]

Se o Pai é nosso, ou seja, de todos, também o deve ser o pão. Recorramos confiadamente que o Pai de todos há de nos prover, por nossa fraternidade, o pão, alimentando-nos, material e espiritualmente. Por isso, quando indica o pão nosso *de cada dia*, evoca a matéria que precisamos, o mínimo que é necessário para que sobrevivamos com dignidade, tanto no corpo quanto na alma. Em outras palavras:

> a presença dos que têm fome por falta de pão, no entanto, revela outra profundidade deste pedido. O drama da fome no mundo convoca os cristãos que rezam em verdade para uma responsabilidade efetiva em relação a seus irmãos, tanto nos comportamentos pessoais como em sua solidariedade com a família humana. Este pedido da Oração do Senhor não pode ser isolado das parábolas do pobre Lázaro (Lc 16,19-31) e do Juízo final (Mt 25,31-46)38.

Trata-se do "nosso" pão, de "um" para "muitos". "Tendo nós feito nosso trabalho, o alimento continua a ser uma dádiva do nosso Pai; é bom pedir-lho dando-lhe graças por ele". E a oração não nos convida a uma prece soberba, acumulativa, mas humilde e confiante: *Dai-nos hoje*![39]

---

[37] Catecismo da Igreja Católica, n. 2829.
[38] Catecismo da Igreja Católica, n. 2831.
[39] Cf. Catecismo da Igreja Católica, n. 2833-2834.

Se em cada dia recebes o pão, cada dia é hoje para ti. Se Cristo é para ti hoje, todos os dias Ele ressuscita para ti. Como é isso? "Tu és o Meu Filho, Eu hoje te gerei" (Sl 2,7). Hoje quer dizer: quando Cristo ressuscita.[40]

Quando rezamos, não pedimos apenas que Deus nos dê apenas o pão que alimenta o corpo, mas também o pão que alimenta a alma, o Pão da Vida (Jo 6,51).

> A Eucaristia é o nosso pão de cada dia [...]. A virtude própria deste alimento é a de realizar a unidade a fim de que, reunidos no corpo de Cristo, tornados seus membros, sejamos o que recebemos[41].

E a Eucaristia, como pão que desceu do céu para nos alimentar no hoje da História, é nosso sustento diário para a vida eterna. O Corpo do Senhor em Comunhão é antecipação do sabor do céu. Afinal, não só de pão vive o homem (cf. Mt 4,4), não só de seu alimento de subsistência, mas a graça de que "a família assim nutrida seja um dia reunida aos convivas lá do céu!"[42]

> É Ele mesmo o Pão que, semeado na Virgem, levedado na carne, amassado na paixão, cozido no forno do sepulcro, guardado em reserva na Igreja, levado aos altares, fornece cada dia aos fiéis um alimento celeste[43].

Não esperamos que nossa vida esteja atolada em meio à lama para confiarmos no Pai nosso, que nos concede o pão nosso. Não nos lembremos das alegrias de estar junto do Senhor apenas quando dele estivermos distantes. Temos um Pai! Jamais nos esqueçamos disso! E também jamais vivamos como se não o tivéssemos.

---

[40] Santo Ambrósio, *De Sacramentis*, 5, 26.
[41] Santo Agostinho, *Sermão* 57, 7, 7.
[42] Sequência de Corpus Christi.
[43] São Pedro Crisólogo, Sermão 67, 7

Peçamos por nós, peçamos por todos. Que o pão que o Senhor concede a nossa mesa não falte na de nossos irmãos. Confiemos na providência desse Pai, que intervém misericordiosamente, pelas mãos dos homens de boa vontade, em favor dos que menos ou nada têm. "O Senhor alimentou seu povo com a flor do trigo e com o mel do rochedo o saciou" (cf. Sl 81,17).

Por fim, como filhos que voltam, busquemos a reconciliação e encontremos no pão da vida eterna o sustento para o encontro definitivo na Casa do Pai. Felizes os convidados para a Ceia do Senhor!

6

PERDOAI-NOS AS NOSSAS OFENSAS

... "Pai, pequei contra Deus e contra ti;
já não mereço ser chamado teu filho.
Trata-me como a um dos teus empregados."
Então ele partiu e voltou para seu pai.
Quando ainda estava longe, seu pai o avistou
e sentiu compaixão. Correu-lhe ao encontro,
abraçou-o e cobriu-o de beijos.

(Cf. Lc 15,17-24)

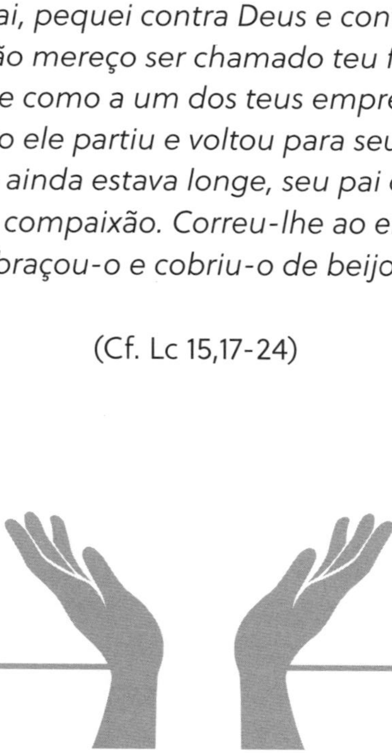

Tendo perdido tudo o que possuía, percebendo-se agora sozinho, o jovem se deu conta de que o que tem valor, muitas vezes, não tem preço, que nenhuma aventura se compara ao valor de ter um lar, de ser família, dos braços do pai. Precisou perder tudo para entender que antes que tinha tudo de verdade. Fez inúmeras experiências durante o tempo distanciado, e a maioria rendeu-lhe muitos prazeres e muitas alegrias, mas nenhuma delas superou a que foi a maior descoberta de toda a sua vida: ter para onde regressar!

Perdão é volta, é regresso, é devolução da dignidade de poder fazer parte novamente. É a possibilidade de olhar para aquele que nos ofendeu para além da ofensa cometida. Ainda que ferido, que afetado pela dor, ter a capacidade de enxergar no ofensor uma pessoa, uma história e nela sua história. É assim que Deus nos vê e foi assim que Cristo por nós se entregou. "Pai, perdoa-lhes, eles não sabem o que fazem" (Lc 23,34).

O filho retornou humilhado, considerando-se inferior aos empregados, como que se não se reconhecesse mais como membro daqueles que diariamente recebiam os cuidados do pai. E foi envolvido pelo abraço de misericórdia de antes. Jogado ao chão, o jovem pôde até ter perdido sua identidade, mas o pai, que por tempos a fio o esperou, jamais se esqueceu.

Havia um discurso pronto, que o rapaz havia ensaiado diversas vezes antes do retorno, mas que não foi necessário, porque no amor não cabem discursos e ensaios, por ser real. Naquele abraço, o filho experimentou uma realidade que supera tudo que havia vivido longe. Assim qualquer discurso ou quaisquer frases decoradas foram desnecessários, pois ele estava de volta nos braços do pai.

O perdão é um dom divino! Ninguém consegue perdoar sozinho, por suas próprias forças, sem a graça que vem a nosso socorro, para tornar nosso coração mais próximo. Perdoar é divino, porque supera nosso senso de "justiça", nossas mágoas, nossos ressentimentos e permite a reconciliação, gesto que não somos capazes de praticar por nossa própria consciência apenas. Assim, vamos nos tornando capazes de perdoar somente pelo fato de que Deus, por diversas vezes, perdoou-nos. Ou seja, perdoamos aos que, aos olhos humanos, não merecem perdão, porque Deus nos perdoou mesmo quando não merecíamos amor. "O Senhor é indulgente, é favorável, é paciente, é bondoso e compassivo. Não fica sempre repetindo suas queixas, nem guarda eternamente seu rancor. Não nos trata como exigem nossas faltas, nem nos pune em proporção a nossas culpas. [...] Como um pai se compadece de seus filhos, o Senhor tem compaixão dos que o temem (cf. Sl 103,8-13). "Se levardes em conta nossas faltas, quem haverá de subsistir? Mas em vós se encontra o perdão, eu vos temo e em vós espero" (Sl 130,3-4).

Perdoai-nos as nossas ofensas. Foi apenas isso que esperou o filho que regressou. Embora o abraço do pai, a ordem rápida de reintegração, o desejo de fazê-lo voltar a ser o que nunca deixou de ser – um filho – não lhe permitiram falar, foi esse o pedido de seu olhar.

Imaginemos esta prece pronunciada pelo filho pródigo, depois de ter experimentado o abraço de seu pai, que tinha esperado por muito tempo; um pai que não se recordava das palavras ofensivas que ele lhe dirigira; um pai que agora lhe fazia entender simplesmente a falta que tinha sentido dele. Assim descobrimos como aquelas palavras adquiriram vida e força![44]

Por isso que, logo após a súplica do pão, rogamos a Deus seu perdão, porque, "assim como precisamos do pão, também precisamos do perdão. E isso, todos os dias"[45]. De fato, à medida que iniciamos manifestando nosso desejo e nossa prece de que o nome de Deus seja santificado sempre e por toda a parte, reconhecemos o quanto estamos distantes de sermos santos e de transparecer em nós a santidade de seu nome. Essa parte da oração se torna tão difícil e exigente, pois nos coloca diante da santidade de Deus e expõe nossas quedas e nossos delitos. Essa súplica, então, ensina-nos que rezar é um exercício de conversão, um esforço por mudar, por buscar viver a santidade e recomeçar a cada dia. De fato, se todos os dias rezamos e pedimos "Perdoai-nos as nossas ofensas", deve ser diária a missão de buscar sermos santos e mais próximos da imagem daquele que nos fez sua imagem e semelhança.

E um detalhe: já vi muita gente que, ao rezar o Pai-nosso, acaba equivocando-se nessa prece e omitindo um termo que é fundamental. O Senhor Jesus nos convida a pedir: "Perdoai-NOS as nossas ofensas" e não "Perdoai as nossas ofensas", porque pedimos mais do que o perdão de nossos delitos, pedimos o perdão para nós, que somos pecadores, ofensores, necessitados de sua misericórdia.

---

[44] Papa Francisco. Audiência geral de 9/1/2019.
[45] Papa Francisco. Audiência geral de 10/4/2019.

É como que pedindo "Perdoai a nós pelas ofensas que cometemos".

Trocando em miúdos:

> Com audaciosa confiança, começamos a rezar a nosso Pai. Ao lhe suplicar que seu nome seja santificado, pedimos-lhe a graça de sempre mais sermos santificados. Embora revestidos da veste batismal, nós não deixamos de pecar, de desviar-nos de Deus. Agora, neste novo pedido, nós nos voltamos a Ele, como o filho pródigo (Lc 15,11-32), e nos reconhecemos pecadores, diante dele, como o publicano (Lc 18,13). Nosso pedido começa por uma "confissão", na qual declaramos, ao mesmo tempo, nossa miséria e sua misericórdia.[46]

"O cristianismo não é uma religião do medo, mas sim da confiança e do amor ao Pai, que nos ama"[47] e, "se Deus nos amou assim, nós também devemos amar-nos uns aos outros" (1Jo 4,11). Pensando assim, o perdão oferecido aos outros se torna o reflexo da ação misericordiosa de Deus em nós; porque Ele nos perdoou; seu perdão em nós nos move a perdoar. Somos fruto de misericórdia e sementes de perdão.

> ... amemos antes de tudo porque fomos amados, perdoemos porque fomos perdoados. E, se alguém não foi iluminado pela luz do sol, torna-se gélido como o terreno no inverno. [...] Nenhum de nós ama Deus quanto Ele nos amou. [...] Ele amou-nos e ama-nos sempre primeiro.[48]

---

[46] Catecismo da Igreja Católica, n. 2839.
[47] Papa Bento XVI. Audiência geral de 23/5/2012.
[48] Papa Francisco. Audiência geral de 10/4/2019.

Convida-nos a uma experiência muito bonita, que papa Francisco ilustra muito bem: "sentir que temos um Pai: não um patrão, nem um padrasto"[49]. Por isso fiquemos com as palavras do próprio Pontífice: "Há um Pai, que espera tudo e todos de braços abertos. Olhemos para este Pai!"[50]

---

[49] Papa Francisco. Audiência geral de 9/1/2019.
[50] *Ibid.*

7

COMO NÓS PERDOAMOS A QUEM NOS TEM OFENDIDO

"... Eu trabalho para ti há tantos anos,
jamais desobedeci a qualquer ordem tua.
E tu nunca me deste um cabrito para eu festejar
com meus amigos. Quando chegou esse teu filho,
que esbanjou teus bens com prostitutas,
matas para ele o novilho cevado."

(Lc 15,25-30)

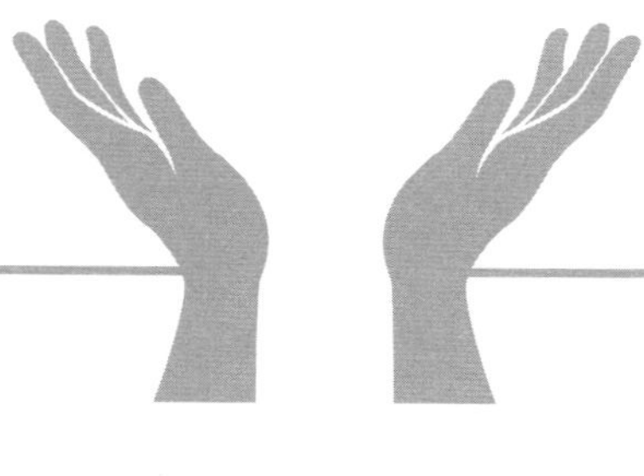

Em meio às alegrias da chegada do mais novo, surge a revolta do mais velho, e inicia-se uma nova viagem de retorno à história: agora o regresso daquele que não havia partido, mas que, ainda assim, estivera distante.

O filho mais velho é imagem de todos que buscam viver próximos de Deus, fiéis a seus mandamentos, mas que distanciam seus corações da misericórdia que busca alcançar a todos. "Deus, criador do céu e da terra, escolheu ser, em primeira instância e acima de tudo, um Pai. [...] E pode parecer estranho, mas Deus deseja tanto me encontrar, ou mais, do que eu a Ele[51]." E, ainda assim, na imensa maioria das vezes, somos antes o filho mais velho do que o mais novo.

Por mais romântica que possa parecer uma aproximação do filho mais novo, somos muito mais representados pelo outro, porque, egoístas que somos, mendigamos constantemente a misericórdia do Senhor para nossas faltas, mas nos negamos a ser um canal de perdão para aqueles que nos ofenderam.

O pai tinha dois filhos. Dois filhos, um mesmo pai. Ambos receberam dele amor sem reservas. E, ainda assim, um negou o amor partindo para longe, e o outro escolheu semelhante negação ao se fechar para aquele que regressava. O mais novo fechou o coração ao pai, e o mais velho fechou os braços, o abraço ao irmão.

Aquele, que por mais tempo e com mais proximidade conviveu com o pai, não havia ainda aprendido a ser como ele, uma vez que a intensidade do amor não se mede nem

---

[51] Nouwen, 1997, p. 104, 116.

pelo tempo nem pelo espaço: ele transcende o que é físico e transforma de dentro para fora.

O perdão é como uma semente que fecunda nosso coração, devolvendo-lhe vida, por isso deve germinar, brotar, florir e ser vida para os outros. De tal maneira, se nosso coração está seco, infértil, fechado para florir, também o estará para ser semeado. "É perdoando que se é perdoado", aprendemos com a espiritualidade franciscana. Por isso devemos rezar: Perdoai-nos assim como, da mesma forma, à medida que nos abrimos para perdoar!

Na oração do Pai-nosso, Cristo nos escancara a misericórdia divina, mas também nos ensina e nos impõe: "assim como". O perdão que recebemos do Pai exige que também nós perdoemos aqueles que nos ofenderam. O perdão do Pai espera de nós reciprocidade, uma resposta ao ser perdoado: perdoando. Pois aquele que muito é perdoado, este sim demonstra muito amor (cf. Lc 7,36-50).

É ensinamento da Santa Mãe Igreja para todos os seus filhos:

> Este mar de misericórdia não pode penetrar em nosso coração enquanto não tivermos perdoado aos que nos ofenderam. [...] Recusando-nos a perdoar a nossos irmãos, nosso coração se fecha, sua dureza o torna impermeável ao amor misericordioso do Pai.[52]
>
> De acordo com um segundo membro da frase, nosso pedido não será atendido, a não ser que tenhamos antes respondido a uma exigência. Nosso pedido é voltado para o futuro, nossa resposta deve tê-lo precedido; uma palavra os liga: "Como".[53]

[52] Catecismo da Igreja Católica, n. 2840.
[53] Catecismo da Igreja Católica, n. 2838.

O caminho da misericórdia é uma via de mão dupla, naquela relação vertical (com Deus) e horizontal (com os irmãos), descrita nas primeiras páginas desta catequese. A expressão concreta do perdão de Deus em nós é esta condição que aprendemos no Pai-nosso: à medida que somos perdoados, perdoemos. "Suportando-vos uns aos outros e perdoando-vos mutuamente, se um tiver queixa contra o outro. Como o Senhor vos perdoou, assim perdoai vós também. E, sobretudo, amai-vos uns aos outros, pois o amor é o vínculo da perfeição" (Cl 3,13-14).

E, aprofundando ainda mais, recordamos o convite de nosso Senhor a perdoar, a nossos inimigos e àqueles que nos perseguem, amá-los e rezar por eles, pois só assim "vos tornareis filhos do vosso Pai, que está nos céus" (Mt 5,45), uma vez que "se vós perdoardes aos homens as faltas que eles cometeram, vosso Pai, que está nos céus, também vos perdoará" (Mt 6,14).

O grande papel de toda oração é estabelecer este diálogo, esta comunhão com Deus, de modo que seu exercício transfigure o discípulo e o configure com o Mestre. Os místicos ensinam que a oração é uma escola. Assim sendo, podemos dizer que a prática sincera do perdão é o ápice da vida de oração do cristão, de modo que esse dom, que Deus nos concede, o da oração mesmo, só pode ser acolhido por um coração que esteja em sintonia com a compaixão e a misericórdia divinas, comparadas a esse coração de pai, que abraça, acolhe, devolve a filiação e reintegra todos à família, desde o que partiu ao que se revoltou.

> Não está em nosso poder não mais sentir e esquecer a ofensa; mas o coração que se entrega ao Espírito Santo transforma a ferida em compaixão e purifica a memória, transformando a ofensa em intercessão[54].

Em um mundo tão dividido, onde o ser irmãos se desgastou tanto, com tantas expressões de intolerância, desrespeito, preconceito, violência e morte, Deus nos revela o perdão como chave para a compreensão de que o amor é mais forte que o pecado e a morte. Deus não nos perdoa, porque merecemos ou porque acredita em nossas frágeis promessas, mas sim para nos educar nesta escola, para nos ensinar a perdoar e para que possamos nos abrir verdadeiramente aprendendo a termos um coração mais próximo e mais parecido com o seu.

O perdão é, portanto, a condição fundamental e insubstituível para que aconteça a verdadeira reconciliação. É preciso que nossa recitação do Pai-nosso, que movimenta nossos lábios, também mova nosso coração para perdoar e acolher, pois "sereis medidos, com a mesma medida com que medirdes" (Mt 7,2). E não o façamos por nós, mas por Deus, que é nosso ponto de comunhão; "Cristo é nossa paz: do que era dividido, fez uma unidade" (Ef 2,14).

E encerro esta reflexão com um pensamento de Tomás de Kempis, que há 600 anos escreveu, em "A imitação de Cristo" – o livro que transformou minha vida –, o segredo para nos mover ao perdão, à acolhida e à reconciliação: "Se vires outro pecar e cometer faltas graves, nem por isto te

---

[54] Catecismo da Igreja Católica, n. 2843.

deves ter por melhor, porque não sabes por quanto tempo poderás perseverar no bem"[55]. Só assim o perdão nos alcançará, e seremos de verdade filhos que conduzem os irmãos aos braços do Pai.

[55] Kempis, 2019, p. 18.

8

NÃO NOS DEIXEIS CAIR EM TENTAÇÃO

Então o pai lhe disse: "Filho,
tu estás sempre comigo,
e tudo o que é meu é teu".

(Lc 15,31)

Em meio à festa, faz-se necessária a correção paterna, porque aquele que não partira para longe distanciou-se de outra forma, caindo na tentação de não acolher de volta o próprio irmão. Não havia compreendido ainda como era o coração de seu pai, nem entendido que para ele significava muito mais o estar de volta a casa do que os caminhos percorridos para chegar até lá.

Tentado a não entrar na festa, o filho mais velho achava que estava dando uma lição de moral em seu irmão, mas na verdade o que fazia era negar-se a participar da alegria do perdão do pai. E, se dentro de casa havia um que tivesse caído ao chão de seu orgulho e suas ilusões, do lado de fora havia também outro caído, em seu egoísmo e na tentação de achar-se superior. Eram, na verdade, os dois filhos que necessitavam serem levantados e reconduzidos de volta pelo pai.

Não é à toa que pedimos ao Senhor que não nos deixe cair em tentação, porque ela nos leva ao chão, derruba-nos ao solo e nos arranca do colo do Pai. Somos filhos, temos um Pai, nosso coração bate em sintonia com o seu. E, ainda assim, tapamos os ouvidos às batidas de seu coração e nos rendemos a ouvir a voz do tentador.

O Filho Amado do Pai nos concedeu uma oração, o Pai-nosso, porque a experiência legítima, que conduz ao perdão verdadeiro, livra-nos da tentação e nos permite "ajoelhar diante do Pai, colocar os ouvidos em seu peito e ouvir, sem interrupção, os batimentos do coração de Deus"[56].

Como somos fracos e pecadores, pedimos no Pai-nosso que Deus Pai nos dê a força necessária para não permane-

---

56 Nouwen, 1997, p. 25.

cermos presos ao pecado. O Pai-nosso é a oração que nos levanta do chão e nos coloca diante do Senhor. "Basta-te a minha graça", Ele nos recorda (2Cor 12,9), e por sua graça professamos: "Tudo posso n'Aquele que me fortalece" (Fl 4,13).

Aprendemos com a Igreja que "nossos pecados são fruto do consentimento na tentação"[57]. Também a Sagrada Escritura deixa claro: "Ninguém, ao ser tentado, deve dizer: 'É Deus que me está tentando', pois Deus não pode ser tentado pelo mal e tampouco ele tenta a ninguém. Antes, cada qual é tentado por sua própria concupiscência, que o arrasta e seduz" (Tg 1,13-14). Logo, a tentação é o que nos leva a pecar e afastar-nos do Pai, seja por obra do Diabo, por nossa própria vontade e nossas atitudes ou mesmo pelo mundo onde vivemos.

Não pecamos sendo tentados, mas quando nos rendemos e permitimos a tentação. Até mesmo esta, se for por nós combatida, pode ser útil para nossa santificação, porque a provação fortalece a fé e nos aproxima ainda mais de Deus. Se lhe pedimos que não nos deixe cair em tentação, estamos espiritualmente agarrando-nos a seu colo, pedindo que Ele nos sustente para não cairmos e que esteja com a mão estendida para nos levantar quando a queda acontecer. De um modo ou de outro, ao lhe pedir que nos socorra na tentação, estamos confiando ao Pai o socorro de nossa vida. "Eu levanto meus olhos para os montes: de onde pode vir meu socorro? Do Senhor é que me vem meu socorro, do Senhor que fez o céu e fez a terra!" (Sl 121,1-2). "Nosso auxílio está no nome do Senhor, do Senhor que fez o céu e fez a terra!" (Sl 124,8).

---

[57] Catecismo da Igreja Católica, n. 2846.

Assim como o filho mais velho, que deveria ter lutado, mas sucumbiu ao ódio pelo irmão e revoltou-se com o pai, também nós somos chamados dia a dia a resistir às tentações e suportar as provações, para nos aproximarmos da santidade de Deus. Cada tentação é uma prova para nossa fé e confiança em Deus; por ela tomamos consciência de que, por nós mesmos, por nossas forças humanas, é inevitável permanecer de pé. Então, precisamos nos esforçar muito, apoiados pela graça de Deus, para lutarmos e resistirmos às tentações que insurgem sobre nós. "Sede sóbrios e vigilantes. Vosso adversário, o diabo, rodeia como um leão a rugir, procurando a quem devorar. Resisti-lhe, firmes na fé" (1Pd 5,8-9a). "Deste modo, vossa fé será provada como sendo verdadeira – mais preciosa que o ouro perecível, que é provado no fogo – e alcançará louvor, honra e glória, no dia da manifestação de Jesus Cristo" (1Pd 1,7).

> O Espírito Santo nos faz discernir entre a provação, necessária ao crescimento do homem interior (Lc 8,13-15; At 14,22; 2Tm 3,12.) em vista de uma "virtude comprovada" (Rm 5,3-5), e a tentação, que leva ao pecado e à morte (Tg 1,14-15).[58]

Particularmente, admiro muito a maneira como os italianos recitam o Pai-nosso, desde que, recentemente, substituíram a expressão que utilizamos aqui no Brasil por uma frase que mais se aproxima do original grego e dá um sentido muito belo e profundo a esse pedido: "Non abbandonarci alla tentazione", ou seja, "não nos abandoneis à tentação". Mais do que pedir ao Pai que não nos permita cair, abrem-se para a possibilidade de rogar-lhe que, ten-

[58] Catecismo da Igreja Católica, n. 2847.

do caído, não sejam abandonados no pecado, mas sejam também alcançados pelo infinito abraço de misericórdia do Pai, que está sempre à espera.

E o caminho para vencermos a tentação, superarmos a provação e permanecermos junto do Pai é o da oração. É preciso contar e confiar na graça divina, suplicando ao senhor todos os dias, não apenas com os lábios, mas de todo o coração, que Ele não nos deixe cair e não nos abandone à tentação.

Sigamos os passos de nosso Mestre de fé, vida e missão. Foi pela oração que Cristo venceu o Tentador no deserto (Mt 4,1-11) e, no último combate de sua agonia, sua oração e o diálogo com o Pai o sustentaram (Mt 26,36-44), de modo que, revela-nos a Sagrada Escritura, "apareceu-lhe um anjo do céu, que o confortava" (Lc 22,43). Nem na provação Cristo nos abandonou. Pelo contrário, ele rezou por nós: "Não te peço que os tires do mundo, mas que os guardes do Maligno. Pai santo, eu não te rogo somente por eles, mas também por aqueles que vão crer em mim pela sua palavra, para que todos sejam um... (Jo 17,15.20-21).

> Deus não nos deixou sozinhos, mas em Jesus Ele manifesta-se como o "Deus-conosco" até às extremas consequências. Está conosco quando nos dá a vida, está conosco durante a vida, está conosco na alegria, está conosco nas provações, está conosco nas tristezas, está conosco nas derrotas, quando pecamos, mas está sempre conosco, porque é Pai e não nos pode abandonar[59].

Rezemos ao Pai-nosso que não nos deixe cair em tentação. Se cairmos, clamemos por sua graça para que nos levante. Fujamos das ocasiões de pecado e não as procuremos. Não sejamos ocasião de pecado para as pessoas. E

---

[59] Papa Francisco. Audiência geral de 01/05/2019.

intensifiquemos nosso espírito de oração, nossa intimidade com Deus. Sejamos filhos que jamais se esquecem que têm um Pai e que estão sempre de braços abertos e confiantes em seu amor.

9

LIVRAI-NOS DO MAL

[O pai disse ao filho mais velho:]
"Era preciso festejar e alegrar-nos,
porque este teu irmão estava morto
e tornou a viver; estava perdido,
e foi encontrado."

(Lc 15,32)

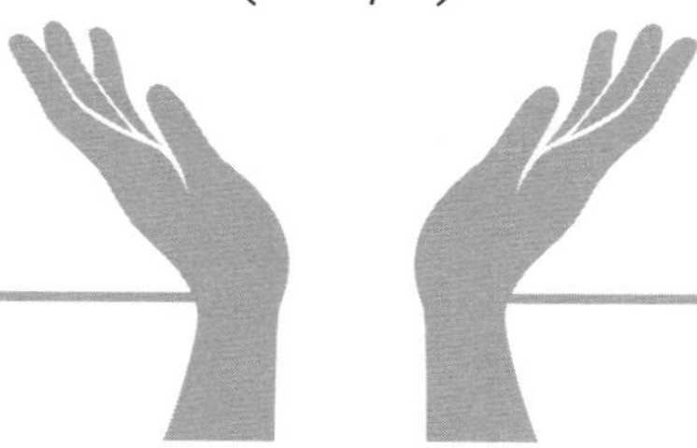

Essa declaração do pai nos coloca em contato direto com os sentimentos de seu coração. A alegria do retorno supera qualquer bronca ou ensinamento. Não porque sejam inúteis, mas porque não são necessários. Muitas vezes um abraço educa mais que um discurso; acolher, saber para onde voltar e ter braços abertos no retorno traz um ensinamento que jamais será esquecido.

Da mesma forma que não condenou o que fugiu, o pai também não condenou o que se revoltou. Ambos os filhos são acolhidos no mesmo abraço, nos braços do Pai, sem questionamentos, sem julgamentos, apenas envolvidos pela alegria de tê-los consigo. Na verdade, foram os dois que estiveram mortos e voltaram a viver; estiveram perdidos e foram encontrados.

Pode acontecer que, fazendo uma leitura superficial desse texto, sem perceber que, na realidade, ele trata não de um amor humano, mas divino, haja quem não entenda a reação do pai em relação aos dois, pois pode parecer, em um primeiro olhar, que haja permissividade e até uma certa passividade desse pai que apenas abraça, faz festa e aparentemente não o corrige Contudo o que a parábola nos mostra é que não há correção maior do que trazer de volta para si. Pois, quando o abraço é verdadeiro e envolve sem reservas, quando um coração toca e sente as batidas do outro em um abraço, aquele que errou percebe tudo que de errado cometeu e se emenda, não porque foi educado simplesmente, mas porque não desejará nunca mais ferir esse coração que tanto o amou. O abraço de quem amamos coloca os dois corações para baterem na mesma sintonia. Da mesma forma, quando nos deixamos envolver pelo abraço de Deus, nosso coração passa a bater em sintonia com seu Sagrado Coração.

Abraço de pai, abraço de amigo, abraço do enamorado são libertadores; retiram-nos da lama, devolvem-nos para casa e nos recordam que, nesses braços, temos um lugar.

Às vezes, para mostrar o quão certo estamos em conflitos banais, muito falamos, demasiadamente condenamos, mas raramente tomamos a iniciativa de deixar que o abraço fale por nós. A acolhida é libertadora! Traz de volta o que partiu, reintegra o que se revolta e converte toda dor, todo medo e todo ódio em alegria e festa; devolve-nos a vida, reencontra-nos!

A última frase do pai na parábola é a síntese de todos os pedidos que fazemos ao Pai nosso. Ao desejar que seu nome seja santificado em nós, que nos venha seu Reino, que sua vontade seja feita em nossa vida, que não falte o pão, que sejamos perdoados e perdoadores, que não caiamos nem sejamos abandonados à tentação, estamos nos entregando nos braços desse Pai, que nos acolhe e protege, para que assim Ele nos livre de todo o mal.

O Pai-nosso é a prece da libertação cristã por excelência, é a prece e a oração radicais e verdadeiras de uma legítima libertação. Pedimos ao Pai, ensinados por Cristo, repetindo a oração que Ele fez por nós antes de sua definitiva entrega: "Não peço que os tires do mundo, mas que os guardes do Maligno" (Jo 17,15). E não a fazemos somente por nós, mas intercedemos pela libertação de toda a família humana.

Pedimos que Deus nos liberte das armadilhas do Diabo, "aquele que 'se atira no meio' do plano de Deus e em sua 'obra de salvação', realizada em Cristo"[60]. Rogamos que Ele nos proteja dos males do mundo, das pessoas que vivem e praticam o mal e que nos converta para que não sejamos promotores do mal e de atitudes diabólicas na vida das outras pessoas.

> O Senhor, que tirou vosso pecado e perdoou vossas faltas, tem poder para vos proteger e guardar contra as insídias do Diabo, que vos combate, para que não vos surpreenda o inimigo, que

---

[60] Catecismo da Igreja Católica, n. 2851.

> tem o hábito de engendrar a culpa. Mas quem a Deus se entrega não tem medo do Diabo. Porque, "se Deus está por nós, quem contra nós?" (Rm 8,31)[61].

O Pai-nosso, sobretudo nessa última petição, é a prece unânime e em comunhão de toda a Igreja, por isso, na liturgia eucarística, unimos imediatamente a prece "livrai-nos do mal" com seu embolismo:

> Livrai-nos de todos os males, ó Pai, e dai-nos hoje a vossa paz. Ajudados pela vossa misericórdia, sejamos sempre livres do pecado e protegidos de todos os perigos, enquanto, vivendo a esperança, aguardamos a vinda do Cristo Salvador[62].

Toda a Igreja, com as palavras de seu fundador e eterno Libertador, roga ao Pai que, não a deixando cair em tentação, livre-a dos males passados, presentes e futuros, das calamidades, das guerras, das injustiças, dos medos, das condenações, das divisões e de todo o pecado.

Ao rezar essa prece, renunciamos ao pecado para viver na liberdade de filhos de Deus; para vivermos como irmãos, renunciamos a tudo o que nos possa desunir, para que o pecado não domine sobre nós; e, para seguir Jesus Cristo, renunciamos ao demônio, autor e princípio do pecado[63]. É essa a libertação que o abraço misericordioso do Pai nos proporciona.

Livrai-nos do Mal. Livrai-nos do Maligno. "A oração cristã não fecha os olhos sobre a vida."[64] Por isso rogamos de coração ao Pai das misericórdias e Deus de toda consolação (2Cor 1,3): não permitais, Senhor, que sejamos dominados pelo mal, que sejamos promotores de maldades nem que consintamos com qualquer tipo de perversidade. Livrai-nos

---

[61] Santo Ambrósio, *De sacramentis*, 5,30.

[62] Rito da Comunhão. Missal Romano, p. 501.

[63] Cf. Rituais da Iniciação cristã.

[64] Papa Francisco. Audiência geral de 15/5/2019.

da maldade velada e falsos gestos de bondade. Livrai-nos da dor e de atitudes que machucam. Livrai-nos de nossa prepotência e arrogância; de nosso orgulho e egoísmo. Trazei-nos de volta a vosso abraço, mostrai-nos que em vós temos um lar, e não nos afasteis de vossos braços de Pai. Somos o filho mais novo e o mais velho; fugimos e invejamos; diversas vezes negamos vosso amor. Por isso, ó Pai, Pai Nosso, Pai de todos, Pai, que estais nos céus e que estais aqui, convertei nosso coração e livrai-nos sempre de todo o mal. Amém.

Conclusão

"Portanto, eu vos digo: pedi e recebereis;
procurai e encontrareis; batei e vos será aberto.
Pois quem pede recebe; quem procura encontra;
e para quem bate se abrirá. [...]
Ora, se vós que sois maus sabeis dar coisas boas
a vossos filhos, quanto mais o Pai do Céu dará
o Espírito Santo aos que o pedirem!"
(Lc 11,9ss)

Fizemos com o filho pródigo e com seu irmão um caminho de volta para o Coração de Deus. Espero tê-los ajudado de alguma forma, meu irmão, minha irmã, e que possa ter crescido espiritualmente na compreensão do valor do tesouro que é a oração do Pai-nosso.

Afinal, Catequese é isto, um discipulado que nos ajuda a sermos cada vez mais e melhores discípulos do Senhor. Somos convidados a ser como Maria, que escolhe a melhor parte e se coloca aos pés do Mestre, e chamados a ser como Marta, que coloca a serviço os dons e o aprendizado recebidos (cf. Lc 10,38-42).

Você e eu somos o filho pródigo que tudo abandonou, somos o irmão mais velho com o coração endurecido. Por isso façamos do Pai-nosso um itinerário de conversão e de reconciliação com Deus, conosco e com os irmãos. Rezemo-lo com as mãos e os lábios abertos, sem fecharmos o coração a Deus e às realidades de nossos irmãos. O Pai conta conosco!

> [A parábola do Filho Pródigo] é uma história que fala de um amor que existiu antes que qualquer rejeição fosse possível e permanecerá depois que todas as rejeições tenham existido. É o primeiro e o eterno amor de um Deus, que é Pai e Mãe. É a fonte de todo o amor humano verdadeiro, mesmo o mais limitado[65].

Se este livro chegou a suas mãos, seja você também um catequista: faça-o chegar a outros, anuncie, por esta leitura, que o Pai não se esquece de nós e que, por nossa oração, por uma oração bem-feita, compreendida e meditada, aproximamo-nos d'Ele.

O Pai nos dará o Espírito Santo. "O amor de Deus foi derramado em nosso coração pelo Espírito Santo, que nos foi dado" (Rm 5,5). Que o Espírito de Deus nos ilumine e conduza, para que nossa vida seja extensão e testemunho do que rezamos e possamos transparecer em nós o Coração orante de Cristo, nosso Mestre e Senhor, que sempre esteve em intimidade com o Pai.

Pela graça do Espírito Santo, *Senhor que dá a vida*, voltemos para Deus, participemos de sua alegria, ouçamos também nós sua voz que a nosso respeito quer dizer: "Alegremo-nos todos, porque este meu filho estava morto e tornou a viver; estava perdido e foi encontrado" (Lc 15,24). Nunca é tarde para regressar!

Que a Virgem Maria, a Senhora da Conceição Aparecida, a quem carinhosamente saudamos como a *Rainha, Mãe de Misericórdia, vida doçura e esperança nossa,* patrocine de Deus a disposição e as graças necessárias para nos dirigirmos sempre ao colo do Pai nosso. Que, por sua materna intercessão, nada nem ninguém nos arranque desse colo.

---

[65] Nouwen, 1997, p. 118.

Não somos órfãos! Temos um Pai nosso. E em Cristo recebemos também um colo de Mãe: "Mulher, este é teu filho", "Esta é tua mãe" (Jo 19,26-27). Que ela nos ajude e ensine a ouvir sempre o que Jesus nos disser (Jo 2,5) e que suas mãos maternas nos guiem sempre NOS BRAÇOS DO PAI.

Deus abençoe você e sua família!
E, se possível, reze por mim!

Douglas Palmeira

Referências

ALVES, Rubens. *Pai Nosso, Meditações.* 8ª edição. Paulus: São Paulo, 2004.

AQUINO, Santo Tomás de. *Catena Aurea – Vol. 1*: Evangelho de São Mateus. Ecclesiae: Campinas, 2018.

AQUINO, Santo Tomás de. *Catena Aurea – Vol. 3*: Evangelho de São Marcos. Ecclesiae: Campinas, 2018.

CONGREGAÇÃO PARA O CULTO DIVINO. *Palavra do Senhor I:* Lecionário Dominical ABC. 1ª edição; 17ª reimpressão. Paulus: São Paulo, 2018.

CONGREGAÇÃO PARA O CULTO DIVINO. *Palavra do Senhor II:* Lecionário Semanal. 1ª edição; 17ª reimpressão. Paulus: São Paulo, 2018.

HEERDT Mauri L., DE COPPI, Paulo. *Pai Nosso! Uma reflexão teológica e pastoral sobre Deus Pai.* 2ª edição. Ed. Mundo e Missão: São Paulo, 2003.

JOÃO PAULO II. *Catecismo da Igreja Católica.* Edição típica Vaticana. Loyola: São Paulo, 2000.

KEMPIS, Tomás de. *Imitação de Cristo.* Minha Biblioteca Católica: Dois Irmãos, 2019.

NIETO, Evaristo Martín. *Pai-Nosso, a oração da utopia. Paulinas:* São Paulo, 2001.

NOUWEN, Henri J. M. *A volta do filho pródigo:* a História de um retorno para casa. Paulinas: São Paulo, 1997.

SODER, José. *Meditando o Pai-Nosso.* Paulinas: São Paulo, 1989.

VATICANO II. Constituição Pastoral *Gaudium Et Spes.* In: *Compêndio do Concílio Vaticano II:* Constituições, decretos e declarações. 29ª edição. Petrópolis: Vozes, 2000.